Autoren

Julien Rösch, Jophil George

C# programmieren lernen für Einsteiger – Übungsheft

C⭐deStar*ter*

Bibliografische Information der Deutschen Nationalbibliothek: Die Deutsche Nationalbibliothek verzeichnet diese Publikation in der Deutschen Nationalbibliografie; detaillierte bibliografische Daten sind im Internet über http://dnb.dnb.de abrufbar.

Herstellung und Verlag:
BoD – Books on Demand, Norderstedt

ISBN: 9783752839302

Inhaltsverzeichnis

5

C# programmieren lernen für Einsteiger - Übungsheft

Dies ist ein Übungsheft, das dir helfen wird, den Einstieg in die Welt der C# Programmierung zu meistern. Dir wird Schritt für Schritt, anhand von Übungen, gezeigt, wie C# aufgebaut ist und funktioniert. Viel Spaß auf deinem Weg zum C# Programmierer wünschen dir Julien Rösch und Jophil George.

Vorwort

Das Schwierigste der Programmierung ist
nach meiner Erfahrung nach der Einstieg.
Nicht jedem fällt dieser leicht. So auch mir. Ich
hatte lange Mühe zu begreifen, wie
Programmabläufe zusammenhängen und was
sie bewirken. Heute weiß ich, dass es
besonders in der Anfangsphase wichtig ist,
den Stoff genau zu verstehen. Mit diesem
Buch sollst du angenehm in die C#
Programmierung eingeführt werden und
später auf einer soliden Basis bauen können.

Über C#

C# ist eine objektorientierte Programmiersprache, die im Auftrag von Microsoft entwickelt wurde. Das bedeutet jedoch nicht, dass sie nur für Microsoft Betriebssysteme genutzt werden kann. Durch eine Kooperation von Xamarin und Microsoft lassen sich mittlerweile auch Applikationen für macOS, iOS oder auch Android programmieren. Die entsprechende Visual Studio Entwicklerumgebung findest du als Community Version kostenlos bei Microsoft zum Download.

Grundvoraussetzung

Um die Übungen in diesem Buch lösen zu können, benötigst du eine Internetverbindung, die dir einen Zugang zur Webseite www.codestarter.ch verschafft. Jedes Kapitel basiert auf einem Thema, zudem du die Theorie auf der Webseite findest. Der entsprechende Titel ist jeweils genauer beschrieben.

Außerdem solltest du mindestens das Kapitel Visual Studio auf www.codestarter.ch durchgelesen und umgesetzt haben, um beginnen zu können.

Visual Studio ist sowohl als Windows, als auch macOS Version erhältlich. Den entsprechenden Download Link findest du ebenfalls auf codestarter.ch im Kapitel Visual Studio.

Variablen

Voraussetzung für diese Übungen ist
Kapitel 1. Variablen *auf www.codestarter.ch*
unter dem Menüpunkt „C#"

Übung 1

Erstelle eine Variable mit:
1. Deinem Namen
2. Deinem Alter

Finde jeweils geeignete Namen.

Übung 2

Kombiniere die beiden Variablen so
miteinander, dass sie in einer neuen Variable,
zuerst der Namen und dann das Alter, den
Wert darstellen. Nenne die neue Variable
„kombination"

Übung 3

Wir möchten eine Variable erstellen, welche
„steckbrief" heißt und uns darüber informiert,
dass Hans Muster den Sport Tennis mag. Zur
Verfügung stehen uns bereits drei
vorgefertigte Variablen:

```
String name = "Muster";
String vorname = "Hans";
String lieblingsSport = "Tennis";
```

Übung 4

Uns stehen zwei Variablen des Datentyps Int zur Verfügung. Wir möchten sie miteinander verrechnen. Als Ergebnis soll jeweils in vier unterschiedlichen und neu erstellten Variablen, 12, 8, 20 und 5 angezeigt werden. Finde jeweils geeignete Namen für die Variablen.

```
int zahl1 = 10;
int zahl2 = 2;
```

Konsolenausgabe

Voraussetzung für diese Übungen ist
Kapitel 2. Konsolenausgabe *auf*
www.codestarter.ch unter dem Menüpunkt
„C#"

Übung 1

Wir übernehmen die Übung 3 aus dem Kapitel
Variablen und geben den Wert der Variable
steckbrief in der Konsole aus

```
String steckbrief = vorname + " " + name +
                    " mag den Sport " +
                    lieblingsSport;
```

Übung 2

Operiere mit den Zahlen 100 und 10 so, dass
in der Konsole die Ergebnisse 110, 90, 1000
und 10 angezeigt werden.

Konsole einlesen

Voraussetzung für diese Übungen ist
Kapitel 3. Konsole einlesen *auf*
www.codestarter.ch unter dem Menüpunkt
„C#"

Übung 1

Gib in der Konsole eine Frage aus, die den Benutzer nach seinem Alter fragt.
Speichere dann das eingegebene Alter in eine geeignete Variable.

Übung 2

Frage den Benutzer in der Konsole nach seinem Namen und grüße ihn anschließend wie folgend:

```
Hallo „NAME", ich wünsche dir einen guten Tag.
```

Kontrollstrukturen

Voraussetzung für diese Übungen ist
Kapitel 4. Kontrollstrukturen *auf*
www.codestarter.ch unter dem Menüpunkt
„C#"

Übung 1

Eine Kontrollstruktur soll uns darüber
informieren, ob die Variable name, den Wert
„Hans" beinhaltet oder nicht.

```
String name = "Hans";
```

Übung 2

Nun soll die Kontrollstruktur überprüfen, ob
der Wert der Variable zahl im Zahlenbereich
zwischen 0 und 10 ist, oder was sie ebenfalls
akzeptieren kann, zwischen 20 und 30.

```
int zahl = 25;
```

Übung 3

Die Kontrollstruktur soll zunächst überprüfen, ob der Name Tom ist. Sollte das der Fall sein, soll überprüft werden, ob er älter als 30, jünger als 30, oder genau 30 Jahre alt ist.

```
String name = "Tom";
int tomsAlter = 30;
```

Übung 4

Ein Restaurant bietet vier Gericht an. Hamburger, Nudeln, Pizza und Steak. Eine switch-case Kontrollstruktur soll je nach Gericht, welches in der Variable abgespeichert wurde, den Preis auf der Konsole ausgeben. Sollte das Gericht nicht angeboten werden, soll ein entsprechender Hinweis auf der Konsole ausgegeben werden.

```
String gericht = "Pizza";
```

Hamburger: EUR 8.50
Nudeln und Pizza: EUR 7.00
Steak: EUR 12.99

Schleifen

Voraussetzung für diese Übungen ist
Kapitel 5. Schleifen *auf www.codestarter.ch*
unter dem Menüpunkt „C#"

Übung 1

Ordne die drei Schleifentypen ihren jeweiligen
Eigenschaften zu.

for Schleife •	• Fussgesteuert
While Schleife •	• Ist intelligent, da sie vorgefertigte Aufgaben übernehmen kann
do-while Schleife •	• Kopfgesteuert

Übung 2

Eine Schleife soll in 6 Durchläufen jedes Mal
den Wert einer Zahl um 1 erhöhen und dabei
immer den momentanen Wert auf der Konsole
ausgeben. Kreiere dafür nicht extra eine
separate Variable, sie soll bereits in der
Schleife integriert sein.

Übung 3

Schreibe eine Variable mit dem Wert 50.
Programmiere eine Schleife, welche diesen in
jedem Durchgang um 1 erhöht, bis er 50 ist.
Der erste Durchgang soll aber unter jedem
Umstand durchgeführt werden.

Übung 4

Ein Wert einer Variable liegt bei 30. Er soll
schrittweise um 2 erhöht werden, bis er bei 45
angelangt ist.

```
int zahl = 30;
```

Übung 5

Eine Variable mit beliebigem Wert soll solange
immer um 10 korrigiert werden, bis der Wert
genau 100 ist. Gehe für diese Aufgabe von
folgender Variable aus.

```
int zahl = 150;
```

Operatoren

Voraussetzung für diese Übungen ist
Kapitel 6. Operatoren *auf*
www.codestarter.ch unter dem Menüpunkt
„C#"

Übung 1

```
int x = 20;
int y = 30;

x = y;
```

Welchen Wert hat x?

Übung 2

Welche Werte stecken jeweils hinter x?

```
int x = 20;

x = -x; //Aufgabe 2.1
x = +x; //Aufgabe 2.2
x = -x; //Aufgabe 2.3
```

Übung 3

Die Variable zahl soll schrittweise bis 20 erhöht werden. Sollte der Wert der Variable ungerade sein, wird der Wert im laufenden Durchgang nur um 1 erhöht. Sollte der Wert der Variable jedoch gerade sein, wird er um 2 erhöht.

```
int zahl = 9;
```

Funktionen

Voraussetzung für diese Übungen ist
Kapitel 7. Funktionen *auf*
www.codestarter.ch unter dem Menüpunkt
„C#"

Übung1

Programmiere eine Funktion, welche ein freundliches Hallo auf der Konsole ausgibt und führe diese aus. Benenne die Funktion „*sagHallo*".

Übung2

Programmiere eine Funktion, welcher du zwei Zahlen übergeben musst, die, miteinander addiert, auf der Konsole ausgegeben werden. Führe die Funktion aus und benenne sie „*addieren*".

Übung 3

Erstelle eine neue Funktion namens „*ueberpruefe*". Sie soll zwei mitgegebene Zahlen danach überprüfen, welche grösser ist. Gib das Ergebnis in der Konsole aus.

Übung 4

Wir möchten eine Funktion, der wir zwei Zahlen übergeben und zudem entscheiden können, ob wir sie miteinander addieren, subtrahieren, dividieren, oder multiplizieren wollen. Dafür benutzen wir die gängigen Zeichen (+, -, /, *) Das Ergebnis soll auf der Konsole angezeigt werden.
Benenne die Funktion „*rechner*". Sollte kein gültiges Zeichen angegeben worden sein, wird eine entsprechende Meldung ausgegeben.

Übung 5

Programmiere eine Funktion, welche einen Steckbrief, anhand von uns übergebenen Daten, erstellt. Der Name, das Land in dem die Person lebt und das Alter soll wie folgt auf der Konsole ausgegeben werden.

`Hans lebt in Deutschland und ist 21 Jahre alt`

Finde einen passenden Namen für die Funktion und für die Parameter.

Übung 6

Folgende Funktion ist vorgegeben:

```
void funktion2(int zahl1, int zahl2){
        Console.WriteLine(zahl1 -zahl2);
}
```

Am Namen der Funktion erkennst du bereits, dass sie die zweite von zweien ist. Deine Aufgabe ist es, die erste zu Programmieren. Sie soll *„funktion1"* heißen und zwei Parameter miteinander addieren. Das erhaltene Ergebnis soll sie als Rückgabewert zurückgeben. Die zweite Funktion soll das Resultat der ersten Funktion als Wert für den Parameter *„zahl1"* nutzen, um davon eine Zahl zu subtrahieren.
Programmiere die Funktion1 und rufe die Funktion2 ordnungsgemäß auf.

Arrays/ArrayList

Voraussetzung für diese Übungen ist
Kapitel 8. Arrays und Kapitel 9.ArrayList
auf www.codestarter.ch unter dem Menüpunkt
„C#"

Übung 1

Drei Mitglieder eines Vereins sollen in einem Array erfasst werden. Erstelle das Array, finde den geeigneten Datentyp und gib das Resultat auf der Konsole aus.

Übung 2

Folgende ArrayList ist gegeben und mit fünf Werten befüllt worden:

```
ArrayList obst = new ArrayList();

obst.Add("Apfel");
obst.Add("Banane");
obst.Add("Birne");
obst.Add("Pflaume");
obst.Add("Aprikose");
```

2.1 Gib die Anzahl an Früchten, in der Obstschale, auf der Konsole aus.

2.2 Die zweite Frucht wird verspeist. Entferne sie aus dem Array.

2.3 Dein Hund hat die letzte Frucht, die du in die Obstschale gelegt hast, gefressen.

2.4 Di Frucht die am längsten in der Schale liegt, hat angefangen zu schimmeln, du musst sie aussortieren.

2.5 Leider sind auch die anderen Früchte befallen, sie müssen ebenfalls weggeschmissen werden.

Übung 3

In einer Klasse werden vier Dreiergruppen gebildet. Programmiere eine Funktion, welche für die Gruppe2, in folgendes Array die Namen Otto, Hans und Jörg füllt. Benenne die Funktion „*eintragen*" und gib die Werte des Arrays auf der Konsole aus.

```
String[] gruppe2 = new String[3];
```

Übung 4

Folgende ArrayList ist gegeben und mit drei
String Werten gefüllt worden:

```
ArrayList werkzeuge = new ArrayList();
werkzeuge.Add("Hammer");
werkzeuge.Add("Boher");
werkzeuge.Add("Säge");
```

4.1 Füge an dritter Stelle einen
Schraubenzieher hinzu.

4.2 Entferne die Säge aus der ArrayList.

Dictionary

Voraussetzung für diese Übungen ist
Kapitel 10. Dictionary *auf*
www.codestarter.ch unter dem Menüpunkt
„C#"

Übung 1

Wir möchten ein Wörterbuch programmieren und nutzen dafür folgendes Dictionary. Finde zunächst den geeigneten Datentyp für Key und Value und ersetzte mit ihm die Platzhalter (x). Als Key setzen wir später das deutsche zu übersetzende Wort und als Value die englische Übersetzung.

```
Dictionary<x, x> woerterbuch = new Dictionary<x, x>();
```

Übung 2

2.1 Fülle das Dictionary aus Übung1 mit folgenden drei Keys und Values:

Tisch – Table | Apfel – Apple | Tasche – Bag

2.2 Entferne aus dem Dictionary den Wert mit dem Key "*Apfel*".

27

2.3 Gib den Wert des Keys "*Tasche*" auf der Konsole aus und schmücke die Ausgabe so, dass folgender Satz ersichtlich sein wird:

```
Die Übersetzung für Tasche ist: Bag
```

Lösungen

Variablen

Übung 1

1.1:

```
String name = "Max";
```

Ein geeigneter Name für die Variable ist name. Der Wert der Variable Name ist eine Zeichenkette, deswegen handelt es sich um den Datentyp String. Strings werden in Gänsefüßchen eingebettet. In C# schließen wir immer mit einem Semikolon (;) ab.

1.2:

```
int alter = 38;
```

Ein geeigneter Name für die Variable ist alter. Der Wert der Variable ist eine Zahl ohne Nachkommastellen, deswegen handelt es sich um den Datentyp Int. Ints müssen nicht in Gänsefüßchen eingebettet werden. In C# schließen wir immer mit einem Semikolon (;) ab.

Übung 2

```
String kombination = name + Convert.ToSingle(alter);
```

Der Wert der Variable alter ist vom Datentyp Int. C# erkennt in diesem Fall automatisch, dass es sich um einen falschen Datentyp handelt, den wir in einem String zu speichern versuchen und akzeptiert diesen so. Allerdings ist es schöner, ihn erst in einen String zu konvertieren.

Übung 3

```
String steckbrief = vorname + " " + name +
                    " mag den Sport " +
                    lieblingsSport;
```

Achte darauf, dass in deiner Lösung der Lehrschlag berücksichtigt wurde. Dieser wird in den Gänsefüßchen eingefügt.

Übung 4

```
int addition = zahl1 + zahl2;
int subtraktion = zahl1 - zahl2;
int multiplikation = zahl1 * zahl2;
int division = zahl1 / zahl2;
```

Addieren (+)
Subtrahieren (-)
Multiplizieren (*)
Dividieren (/)

Konsolenausgabe

Übung 1

```
String name = "Muster";
String vorname = "Hans";
String lieblingsSport = "Tennis";

String steckbrief = vorname + " " + name +
            " mag den Sport " +
            lieblingsSport;

Console.WriteLine(steckbrief);
```

Sind die Variablen name, vorname und lieblingsSport vorhanden, können wir den Wert wie in der Lösung auf die Konsole ausgeben. Anderenfalls könnte man Strings auch direkt ausgeben.

```
Console.WriteLine("Hans Muster mag den
            Sport Tennis");
```

Übung 2

```
Console.WriteLine(100 + 10);
Console.WriteLine(100 - 10);
Console.WriteLine(100 * 10);
Console.WriteLine(100 / 10);
```

Konsole einlesen

Übung 1

```
Console.WriteLine("Wie alt bist du?");
int alter = Convert.ToInt32(Console.ReadLine());
```

Der eingelesene String muss zunächst in einen int konvertiert werden um in eine Variable des Datentyps int gespeichert zu werden.

Übung 2

```
Console.WriteLine("Wie heisst du?");
String name = Console.ReadLine();
Console.WriteLine("Hallo " + name + ", ich
                  wünsche die einen guten Tag.");
```

Eingelesene Werte die in einen String gespeichert werden, müssen nicht konvertiert werden, da sie bereits als Strings aus der Konsole eingelesen werden.
Strings kannst du mit einem Plus-Zeichen verbinden. Achte beim Bilden des Satzes auf die Leerzeichen.

Kontrollstrukturen

Übung 1

```
if (name == "Hans"){
    Console.WriteLine("Der Name ist Hans");
}else{
    Console.WriteLine("Der Name ist nicht Hans");
}
```

Ein Vergleich wird mit zwei direkt aufeinanderfolgenden Gleichheitszeichen (==) durchgeführt. Die Bedingung schreiben wir in runde Klammern.

Übung 2

```
if ((zahl >= 0) && (zahl < 11) II (zahl > 19) && (zahl < 31)){
    Console.WriteLine("Zahl ist im Zahlenbereich");
}
else{
    Console.WriteLine("Zahl ist nicht im Zahlenbereich");
}
```

Die einzelnen Teilbedingungen werden in runde Klammern eingefasst. Alle vier Teilbedingungen zusammen werden wiederum als komplette Bedingung in runde Klammern gefasst.

(&&) bewirkt, dass beide Bedingungen erfüllt sein müssen.
(II) bewirkt, dass nur eine von beiden Bedingungen erfüllt sein muss.

In diesem Beispiel soll die Zahl 0 ebenfalls im Zahlenbereich akzeptiert werden. Dafür muss der Operator wie folgt aussehen: >= (größer gleich).

Die Operatoren (>) und (<) werten die angegebene Zahl nicht mit.

Übung 3

```
if (name == "Tom"){
    if (tomsAlter > 30){
        Console.WriteLine("Ist älter als 30");
    }else if (tomsAlter < 30){
        Console.WriteLine("Ist jünger als 30");
    }else{
        Console.WriteLine("Ist 30 Jahre alt");
    }
}else{
    Console.WriteLine("Name ist nicht Tom");
}
```

Kontrollstrukturen können auch ineinander programmiert werden.
Weil Tom weder älter als 30, noch jünger als 30 ist, muss die logische Konsequenz der altersüberprüfenden Kontrollstruktur sein, dass Tom genau 30 Jahre alt ist.

Übung 4

```
String gericht = "Pizza";

switch(gericht){
    case "Hamburger":
        Console.WriteLine("Preis: EUR 8.50");
        break;
    case "Nudeln":
    case "Pizza":
        Console.WriteLine("Preis: EUR 7.00");
        break;
    case "Steak":
        Console.WriteLine("Preis: EUR 12.99");
        break;
    default:
        Console.WriteLine("Das Gericht wird
                          nicht angeboten");
        break;
}
```

Die Nudeln und die Pizza kosten gleich viel, daher erhalten sie die gleiche Konsolenausgabe. Sollte das Gericht nicht angeboten werden, so springt das switch-case direkt in den default und gibt den entsprechenden Hinweis aus.

Schleifen

<u>Übung 1</u>

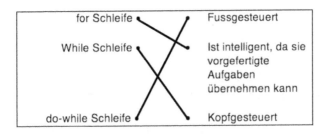

for Schleife: *überprüft nicht nur die Bedingung, sondern kann Werte auch automatisch verändern.*

While Schleife: *Die while Bedingung befindet sich vor der Schleifendurchführung, sozusagen am Kopf der Schleife.*

do-while Schleife: *Die while Bedingung befindet sich nach der Schleifendurchführung, sozusagen am Fuß der Schleife.*

Übung 2

```
for (int i = 0; i < 7; i++){
    Console.WriteLine("i ist: " + i);
}
```

*In der Konsole werden dir zwar sieben Ausgaben angezeigt, in der Aufgabenstellung waren aber 6 Durchläufe gefragt, in denen jedes Mal der Wert um 1 erhöht wird. Beim ersten Durchlauf wird der Wert **nicht** um eins erhöht. Erst bei den darauffolgenden. Deshalb müssen wir die Schleife solange laufen lassen, wie i kleiner als 7 ist.*

Übung 3

```
int zahl = 50;

do{
    zahl += 1;
    Console.WriteLine("Zahl ist bei: " + zahl);
} while (zahl < 50);
```

Der Wert der Variable ist bereits 50. Da der erste Durchgang unter jedem Umstand durchgeführt werden soll, nutzen wir eine do-while Schleife, da diese erst nach einem Durchgang überprüft, ob die Bedingung zutrifft.

Übung 4

```
int zahl = 30;

while (zahl < 45){
    if (zahl == 44){
        zahl += 1;
    }else{
        zahl += 2;
    }
    Console.WriteLine("Zahl ist bei: " + zahl);
}
```

Mit einer zyklischen Werteerhöhung von 2, gelangt man, mit einem Basiswert von 30, niemals auf 45, sondern auf 44 oder 46. Um dennoch genau auf 45 zu gelangen, muss innerhalb der Schleife überprüft werden, ob der Wert der Variable schon bei 44 ist. Wenn ja, dann kann nur noch um 1 erhöht werden.

Übung 5

```
int zahl = 150;

if (zahl > 100){
    while (zahl > 100){
        zahl -= 10;
        Console.WriteLine("Zahl ist bei: " + zahl);
    }
}else if (zahl < 100){
    while (zahl < 100){
        zahl += 10;
        Console.WriteLine("Zahl ist bei: " + zahl);
    }
}
```

Auch Schleifen könne in if/else Kontrollstrukturen verwendet werden. if und else if Bedingung überprüfen zunächst, ob der Wert der zu korrigierenden Variable grösser oder kleiner als 100 ist. Beruhend auf dieser Kenntnis, wir eine Schleife durchgeführt, die den Wert bei jedem Durchgang um 10 verkleinert oder vergrößert.

Operatoren

Übung 1

*x hat den Wert 30. y übergibt x ihren Wert 30
und ersetzt damit den Wert 20.*

Übung 2

2.1: *Durch das Vorzeichen (-) ist x gleich -20*

2.2: *Aus der Mathematik wissen wir, dass -
und + minus ergibt. Deswegen ändert sich der
Wert nicht und bleibt bei -20.*

2.3: *Aus der Mathematik wissen wir ebenfalls,
dass - und - plus ergibt. Deswegen ändert
sich der Wert wieder zu 20.*

Übung 3

```
int zahl = 9;

while (zahl < 20){
    if (zahl % 2 == 0){
        zahl += 2;
        Console.WriteLine("Zahl ist bei: " + zahl);
    }else{
        zahl += 1;
        Console.WriteLine("Zahl ist bei: " + zahl);
    }
}
```

Da uns der Modulo Operator den Restwert angibt, können wir so überprüfen, ob die Zahl gerade ist. Eine gerade Zahl ergibt mit %2 immer 0. Eine ungerade Zahl hingegen immer den Restwert 1. Aus diesem Grund, wird im ersten Durchgang der Wert nur um eins erhöht und liegt somit bei 10. Danach wird immer um zwei erhöht.

Funktionen

Übung 1

```
void sagHallo(){
    Console.WriteLine("Hallo");
}
```

Die Funktion ist leer, deshalb befinden sich auch keine Parameter in den Klammern.

```
MainClass main = new MainClass();
```

Um Funktionen in der Main Methode aufrufen zu können, muss zunächst ein Objekt erstellt werden.

```
main.sagHallo();
```

Das Objekt ruft dann die Funktion auf.

Übung2

```
void addieren(int zahl1, int zahl2){
    Console.WriteLine(zahl1 + zahl2);
}

main.addieren(3, 4);
```

Die Funktion addieren hat zwei Parameter, die beim Ausführen mitgegeben werden müssen. Du kannst sie ganz nach deinem Geschmack benennen, beachte dabei nur, dass du die Regeln der Benennung einhältst.

Übung 3

```
void ueberpruefe(int zahl1, int zahl2){
    if (zahl1 > zahl2){
        Console.WriteLine("zahl1 ist grösser");
    }else if (zahl2 > zahl1){
        Console.WriteLine("zahl2 ist grösser");
    }else{
        Console.WriteLine("Beide Zahlen sind gleich gross");
    }
}

main.ueberpruefe(3, 5);
```

Kontrollstrukturen können in Funktionen verwendet werden. Beide Parameter werden danach überprüft, welche grösser ist. Ist keine grösser als die andere, müssen sie gleich groß sein.

Übung 4

```
void rechner(int zahl1, int zahl2, String zeichen){
    if (zeichen.Equals("+")){
        Console.WriteLine(zahl1 + zahl2);
    }else if (zeichen.Equals("-")){
        Console.WriteLine(zahl1 - zahl2);
    }else if (zeichen.Equals("/")){
        Console.WriteLine(zahl1 / zahl2);
    }else if (zeichen.Equals("*")){
        Console.WriteLine(zahl1 * zahl2);
    }else{
        Console.WriteLine("Geben Sie ein gültiges
                            Zeichen ein");
    }
}

main.rechner(10, 5, "+");
```

Wir müssen der Funktion einen dritten Parameter des Datentyps String mitgeben. Diesen vergleichen wir jeweils mit den vier Operationsmöglichkeiten. Für den Vergleich benutzen wir die Equals Methode. Sollte keines der Zeichen zutreffen, ist die logische Konsequenz, dass kein gültiges Zeichen angegeben wurde.

Übung 5

```
void steckbrief(String name, String land, int alter){
    Console.WriteLine(name + " lebt in " + land +
                    " und ist " + alter +
                    " Jahre alt ");
}

main.steckbrief("Hans", "Deutschland", 21);
```

Ein passender Name für die Funktion wäre z.B. „steckbrief". Achte bei der Ausgabe auf die Lehrschläge.

Übung 6

```
int funktion1(int zahl1, int zahl2){
    return zahl1 + zahl2;
}

void funktion2(int zahl1, int zahl2){
    Console.WriteLine(zahl1 -zahl2);
}

main.funktion2(main.funktion1(5, 3), 6);
```

Du kannst einer Funktion als Parameter auch einen Rückgabewert einer Funktion übergeben. In diesem Fall übergeben wir der Funktion2, für den Parameter „zahl1", den Rückgabewert von Funktion1.

Arrays/ArrayList

Übung 1

```
String[] mitglieder = new String[3];

mitglieder[0] = "Hans Muster";
mitglieder[1] = "Jörg Lindner";
mitglieder[2] = "Otto Müller";

Console.WriteLine(mitglieder[0]);
Console.WriteLine(mitglieder[1]);
Console.WriteLine(mitglieder[2]);
```

Da wir Namen in das Array speichern wollen, benutzen wir den Datentyp String. Einzelne Werte eines Arrays sprechen wir immer mit ihrem Index an.

Übung 2

Gehe sicher, dass du die System.Collections importiert hast, damit du die Array List verwenden kannst:

```
using System.Collections;
```

2.1

```
Console.WriteLine("Es sind " + obst.Count +
              " Früchte da.");
```

2.2

```
obst.RemoveAt(1);
```

Wir möchten ein Wert an einer bestimmten Stelle entfernen. Index 1 ist gleich Position 2

2.3

```
obst.RemoveAt(obst.Count - 1);
```

Letzter Wert im Array wird gelöscht.

Die Anzahl an Werten in der Array List minus 1 ergibt den Indexwert des letzten Wertes in der List.

2.4

```
obst.RemoveAt(0);
```

Erster Wert im Array wird gelöscht.

Der erste Wert in einer Array List ist derjenige mit dem Index 0.

2.5

```
obst.RemoveRange(0, obst.Count);
```

Alle Werte im Array werden gelöscht.

Indem wir eine Range, also eine Bandbreite an Werten löschen, könne wir so, beginnend beim Index 0, bis zum letzten Wert (Anzahl an Werten in der Array List), alle Werte löschen.

Übung 3

String[] gruppe2 = new String[3];

Damit wir das Array gruppe2 auch in anderen Funktion ansprechen können, erstellen wir es diesmal nicht direkt in der Main Methode, sondern in der Klasse selbst.

```
void eintragen(String person1, String person2,String person3){
        gruppe2[0] = person1;
        gruppe2[1] = person2;
        gruppe2[2] = person3;

}
```

Geeignete Namen für die Parameter wären z.B. person1, 2 und 3. Die Parameter werden gleichzeitig in das Array auf Position 1, 2 und 3 gespeichert.

main.eintragen("Otto", "Hans", "Jörg");

In der Main Methode rufen wir dann die.

49

Übung 4

4.1

werkzeuge.Insert(2, "Schraubenzieher");

Index 2 ist gleich Position 3.

4.2

werkzeuge.Remove(werkzeuge.IndexOf("Säge"));

Wenn wir an einer bestimmten Stelle in der ArrayList einen Wert entfernen wollen, müssen wir den Index angeben. Diesen müssen wir für den Wert „Säge", aber erstmal herausfinden:

Werkzeuge.IndexOf("Säge")

Dictionary

__Übung 1__

Der geeignete Datentyp für ein Dictionary welches wir als Wörterbuch verwenden möchten ist String, da wir das deutsche Wort als Key und die englische Übersetzung als Value in Form einer Zeichenkette abspeichern möchten.

```
Dictionary<string, string> woerterbuch
= new Dictionary<string, string>();
```

__Übung 2__

2.1

```
woerterbuch.Add("Tisch", "Table");
woerterbuch.Add("Apfel", "Apple");
woerterbuch.Add("Tasche", "Bag");
```

Werte werden mit der .Add Methode in ein Dictionary gefüllt.

2.2

```
woerterbuch.Remove("Apfel");
```

Werte werden mit der .Remove Methode aus einem Dictionary gelöscht.

2.3

```
Console.WriteLine("Die Übersetzung für
                   Tasche ist: "
                   + woerterbuch["Tasche"]);
```

Werte können mit der Angabe des Keys in eckigen Klammern aufgerufen werden.